BEI GRIN MACHT SICH IHR WISSEN BEZAHLT

- Wir veröffentlichen Ihre Hausarbeit, Bachelor- und Masterarbeit

- Ihr eigenes eBook und Buch - weltweit in allen wichtigen Shops

- Verdienen Sie an jedem Verkauf

Jetzt bei www.GRIN.com hochladen und kostenlos publizieren

GRIN

Pascal Steinmüller

Humanitäre Intervention in Syrien

Soll die EU sich einmischen?

GRIN Verlag

Bibliografische Information der Deutschen Nationalbibliothek:

Die Deutsche Bibliothek verzeichnet diese Publikation in der Deutschen National-
bibliografie; detaillierte bibliografische Daten sind im Internet über http://dnb.d-
nb.de/ abrufbar.

Impressum:

Copyright © 2013 GRIN Verlag GmbH
Druck und Bindung: Books on Demand GmbH, Norderstedt Germany
ISBN: 978-3-656-47613-9

Dieses Buch bei GRIN:

http://www.grin.com/de/e-book/231382/humanitaere-intervention-in-syrien

GRIN - Your knowledge has value

Der GRIN Verlag publiziert seit 1998 wissenschaftliche Arbeiten von Studenten, Hochschullehrern und anderen Akademikern als eBook und gedrucktes Buch. Die Verlagswebsite www.grin.com ist die ideale Plattform zur Veröffentlichung von Hausarbeiten, Abschlussarbeiten, wissenschaftlichen Aufsätzen, Dissertationen und Fachbüchern.

Besuchen Sie uns im Internet:

http://www.grin.com/

http://www.facebook.com/grincom

http://www.twitter.com/grin_com

Johann-Vanotti-Gymnasium Ehingen

Seminarfach

Schuljahr 2012 / 2013

Humanitäre Intervention in Syrien -
Soll die EU sich einmischen?

Pascal Steinmüller

Jahrgangsstufe 1

Halbjahr 2

Abgabe: 09.04.2013

1

Inhalt

1. Einleitung

> *„Ich habe nicht nur gelernt: Nie wieder Krieg.*
> *Ich habe auch gelernt: Nie wieder Auschwitz. "[1]*

Joschka Fischer, 7. April 1999

Mit diesen Worten erläuterte Joschka Fischer 1999 das Dilemma der humanitären Intervention der Kosovo Krise. Laut ihm gilt es einen Krieg und damit ein militärisches Eingreifen zu verhindern und die Bevölkerung trotzdem vor menschenrechtsverletzenden Situationen zu bewahren.[2] Im März 2011 wurden in Syrien Jugendliche gefangen genommen, da sie regierungsfeindliche Parolen an Wände gesprüht haben sollen. Daraufhin begannen erste Proteste gegen das Regime von Baschar al-Assad. Diese Proteste wurden stets militärisch niedergeschlagen und bekämpft. Als die Bevölkerung begann, sich selbst zu verteidigen, entwickelte sich aus den Protesten ein Bürgerkrieg. Laut UN-Mitteilungen hat der Bürgerkrieg bis zum März des Jahres 2013 ungefähr 70 000 Todesopfer gefordert.[3]

Da bis zum heutigen Tag kein Ende der Bürgerkriege in Sicht ist, stellt sich für die außenstehende Europäische Union die Frage nach der Verantwortung für die Menschen in diesem Land. Es wird also die Frage laut: Ist ein Eingreifen der EU in Form einer humanitären Intervention in dieser Situation legitim?

Aufgrund der Aktualität der Problematik in Syrien ist es wichtig sich mit diesem Thema näher zu befassen und auseinander zu setzten. Ich habe dieses Thema als grundlegende Frage meiner Seminararbeit gewählt, da ich erwarte durch die angestellten Recherchen und Erörterungen eine Antwort auf die politische Situation in Syrien und die Position Deutschlands zu finden.

---

1 Fried, Nico: "Ich habe gelernt: Nie wieder Auschwitz", online unter:
 <http://www.sueddeutsche.de/politik/fischer-ich-habe-gelernt-nie-wieder-auschwitz-1.915701>
 (Stand 26.03.2013)
2 ebd.
3 Hintergrund aktuell: Syrien: Zwei Jahre Bürgerkrieg, online unter:
 <www.bpb.de/politik/hintergrund-aktuell/156632/buergerkrieg-in-syrien> (Stand 26.03.2013)

Ich möchte im weiteren Verlauf meiner Arbeit näher auf die Probleme der humanitären Intervention eingehen und erörtern, ob sie in dieser Situation legitim ist. Hierzu werden Faktoren wie Menschenrechte, Politik oder wirtschaftliche Aspekte, welche für und gegen eine Intervention sprechen, näher betrachtet um abschließend zu klären, ob eine Intervention durchgeführt werden sollte.

2. Eine grundlegende Begriffsdefinition

Der Begriff der humanitären Intervention wird weder in der Fachliteratur noch in politischen Grundschriften, wie der UN-Charta, allgemeingültig definiert. Aus diesem Grund ist es wichtig, zunächst eine für diese Arbeit geltende Definition auf der Grundlage verschiedener Definitionen zusammenzufassen. Weitläufig umfasst eine humanitäre Intervention das Eingreifen des einen Staates in die innerpolitischen Angelegenheiten eines zweiten Staates. Hierbei wäre eine Form der Intervention das Aushelfen mit Hilfsgütern, zur Bewältigung einer Krise möglich.[4] Als Beispiel wäre hierbei die Finanzkrise in Griechenland zu nennen, bei der Europa Griechenland mit finanziellen Mitteln unterstützt hat.[5]

Im weitaus gebräuchlicheren Sinn ist jedoch die humanitäre Intervention als ein militärisches Eingreifen eines Staates oder einer Staatengemeinschaft in die innerpolitischen Angelegenheiten eines anderen Staates, welcher menschenrechtsverletzende Handlungen begeht, zu verstehen. Das Ziel einer humanitären Intervention ist es hierbei, die Menschen zu schützen und deren Rechte zu wahren.[6]

In dieser Arbeit wird daher die humanitäre Intervention als ein militärischer Einsatz zu humanitären Gunsten der Bevölkerung angesehen.

3. Befürwortung der allgemeinen humanitären Intervention

Nachdem in Ländern wie in Syrien Menschenrechte immer mehr verletzt werden, da die Machthaber des jeweiligen Landes ihre Bevölkerung nicht mehr schützt oder gar gegen sie Krieg führen, kommen in mutmaßlich intervenierenden Ländern oft Argumentationen für eine Intervention auf. Argumente, welche für eine Intervention sprechen, sollen nun in den folgenden Kapiteln betrachtet werden.

---

4 Hinsch, Wilfried; Janssen, Dieter: Menschenrechte militärisch schützen. Ein Plädoyer für humanitäre Interventionen, Bonn 2006, S.29f.
5 Landeszentrale für politische Bildung: Griechische Tragödie, online unter: <http://www.lpb-bw.de/6783.html#> (Stand 07.04.13)
6 Hinsch; Janssen: Menschenrechte militärisch schützen. Ein Plädoyer für humanitäre Interventionen, S.29f.

3.1 Die Pflicht Menschenrechte zu schützen

Zunächst soll eines der zentralen Argumente für eine humanitäre Intervention näher betrachtet werden. Es handelt sich hierbei um das Argument, andere Menschen zu schützen.

Nachdem die Aufstände in Syrien immer lauter wurden, fingen Soldaten an nicht nur auf erwachsene Menschen, sondern auch auf die Beine von Kindern zu schießen und damit den Tod der Menschen in kauf zu nehmen.[7] Diese Handlungen sind insofern rechtswidrig, als dass sie dem dritten Artikel der allgemeinen Erklärung der Menschenrechte der Vereinten Nationen widersprechen, welcher besagt, dass „jeder [...] das Recht auf Leben, Freiheit und Sicherheit der Person"[8] hat. Da diese menschenrechtsverletzenden Handlungen direkt von der Regierung ausgeführt werden, welche somit den Schutz der eigenen Bevölkerung nicht mehr bewahren kann, sind andere Staaten oder internationale Vereinigungen befugt in das Land einzugreifen, um die Sicherheit der Bevölkerung des Landes zu gewährleisten. Die Begründung für derartige Handlungen liefert die Schutzverantwortung. Das Prinzip der Schutzverantwortung besagt, dass wenn ein Staat seine Bevölkerung körperliche Unversehrtheit nicht gewährleisten kann oder nicht dazu bereit ist, ein anderer Staat eingreifen muss und die Verantwortung an die internationale Gemeinschaft fällt. Sie zielt also darauf ab, schwerste Menschenrechtsverletzungen wie diese der syrischen Regierung zu verhindern.[9]

Um zu klären, ob die Schutzverantwortung (engl. *responsibility to protect*) in Syrien eine humanitäre Intervention der verantwortlichen Nationen legitimiert, sollten zunächst vergangene Präzedenzfälle, in denen die Schutzverantwortung die Grundlage einer Intervention war, betrachtet werden.

Das signifikanteste Beispiel ist der Bürgerkrieg in Libyen 2011. Unter dem Regime von Muammar al-Gadhafi wurde die libysche Bevölkerung bedroht, angegriffen und Aufstände militärisch niedergeschlagen. Libyens Situation im Jahr 2011 zeigt sehr starke Parallelen zu der aktuellen syrischen Situation auf. Nachdem in Libyen alle diplomatischen, friedlichen Lösungsansätze ignoriert wurden und die Angriffe auf die Bevölkerung nicht nachließen, wurde mit Hilfe einer militärischen Intervention eingegriffen.[10] Die NATO führte in Libyen

---

7 Assad-Regime schießt auf Beine von Kindern. Menschenrechtsverletzungen in Syrien, online unter: <http://www.focus.de/politik/ausland/krise-in-der-arabischen-welt/menschenrechtsverletzungen-in-syrien-assad-regime-soll-auf-beine-von-kindern-schiessen_aid_729400.html> (Stand 27.03.2013)
8 Bundeszentrale für politische Bildung, Menschenrechte. Dokumente und Deklarationen, Bonn 2004, S.55 Artikel 3
9 Schaller, Christian: Gibt es eine "Responsibility to Protect"?, online unter: <http://www.bpb.de/apuz/30862/gibt-es-eine-responsibility-to-protect> (Stand 27.03.2013)
10 Bittner, Jochen; Böhm, Andrea: Dieser Krieg war gerecht. Eine Bilanz der Intervention in Libyen, online unter: <http://www.zeit.de/2011/44/Libyen-Intervention/komplettansicht> (Stand 27.03.2013)

einige Luftangriffe durch und stellte ein Waffenembargo für die Rebellen auf.[11] Durch das Eingreifen der NATO wurden 72 Menschen getötet.[12] Die zivilen Opfer sind zwar nicht zu vernachlässigen, jedoch sind sie verschwindend gering gegenüber den 4700 Todesopfern, welche aus dem Krieg zwischen Gadhafi und den Rebellen hervorgegangen sind.[13] Es wird angenommen, dass es ohne ein militärisches Eingreifen in Libyen zu weitaus mehr Todesopfern gekommen wäre, als es in Endeffekt gab. Dies kann jedoch im Nachhinein nicht mehr bewiesen werden, da eben diese besagten Todesopfer durch die Intervention verhindert wurden, womit der Beweis für den Erfolg der Intervention fehlt.[14] Es steht jedoch außer Frage, dass nach dem NATO-Einsatz das Gaddafi-Regime und somit auch der Bürgerkrieg ein Ende fand, was im Grunde das elementare Ziel der humanitären Intervention ist.

Ein weiterer an dieser Stelle nennenswerter Präzedenzfall ist der Genozid in Ruanda. Ein Eingreifen wie es in Libyen der Fall war hat seinerzeit in Ruanda gefehlt, wodurch bei einem Genozid mindestens 500 000 Menschen ermordet wurden. Diese Zahl stieg unter anderem so hoch an, da eine humanitäre Intervention, welche die Ermordung der Bevölkerung in Ruanda hätte verhindern können, viel zu spät stattfand.[15]

Die Erfahrungen aus den Präzedenzfällen in Libyen und Ruanda zeigen, dass ein militärisches Eingreifen in Krisengebieten in denen es zu starken menschenrechtsverletzenden Situationen gekommen ist, zweifelsfrei weitere Todesopfer verhindern und somit die Schutzverantwortung wahrgenommen werden sollte.

Somit steht fest, dass die Schutzverantwortung in Syrien in jedem Fall auf andere Länder und damit auch auf die Europäische Union fällt. Wenn die Lage von dem Standpunkt aus betrachtet wird, dass die Europäische Gemeinschaft die Schutzverantwortung gegenüber der Bevölkerung von menschenrechtsverletzenden Ländern hat, ist ein militärisches Eingreifen unabdingbar. Nach der Analyse der einzelnen Fälle stellt sich heraus, dass eine humanitäre Intervention mit Berufung auf die Schutzverantwortung vollkommen legitimiert ist, um die Menschenrechte Syriens zu bewahren und Europa damit durchaus in der Pflicht steht, in Syrien einzugreifen.

---

11 Lacher, Wolfram: Libyen nach der Revolution des 17. Februar, online unter:
   <http://www.bpb.de/internationales/afrika/arabischer-fruehling/52398/libyen> (Stand 27.03.2013)
12 Spiegel Online: Menschenrechtsbericht: Nato soll in Libyen 72 Zivilisten getötet haben, online unter:
   <http://www.spiegel.de/politik/ausland/human-rights-watch-nato-soll-in-libyen-72-zivilisten-getoetet-haben-a-832981.html> (Stand 27.03.2013)
13 Khan, Umar: Casualty figures exaggerated, says Ministry: Online unter:
   <http://www.libyaherald.com/2013/01/07/casualty-figures-exaggerated-says-ministry/> (Stand 27.03.2013)
14 Bittner, Jochen; Böhm, Andrea: Dieser Krieg war gerecht. Eine Bilanz der Intervention in Libyen, online unter: <http://www.zeit.de/2011/44/Libyen-Intervention/komplettansicht> (Stand 27.03.2013)
15 ebd.

3.2 Humanitäre Intervention als präventives Politikinstrument

Das grundlegende Konzept der humanitären Intervention hat nicht nur das Prinzip die Menschen vor Verbrechen wie Massenmorden und Genoziden zu schützen und diese zu stoppen. Es lässt sich laut des Professors für internationales Recht, Michael Reisman, auch darauf erweitern, präventive Maßnahmen wie die Sicherstellung einer Demokratie zu ergreifen, um weitere menschenrechtsverletzende Verbrechen zu verhindern.[16] In den folgenden Abschnitten soll geklärt werden, ob die humanitäre Intervention wirklich als präventives Mittel die Situation in Syrien langfristig ändern könnte.

Der demokratische Friede ist eine Hypothese, nach welcher zwischen Staaten mit einer demokratischen Regierung kein Krieg stattfindet. Immanuel Kant hat diese Theorie erstmals 1795 in seiner Schrift „Zum ewigen Frieden" näher erläutert. Laut Kant kommt es in einer demokratischen Gesellschaft nicht zu Kriegshandlungen, da die Bevölkerung an den politischen Entscheidungen beteiligt ist und sich aufgrund der Folgen und Konsequenzen eines Krieges, welche sie selbst betreffen, gegen diesen ausspricht.[17] Da in Syrien ohne Krieg und mit einer demokratischen Grundordnung wohl keine menschenrechtsverletzenden Handlungen wie im bisherigen Ausmaß mehr stattfinden würden, ist anzunehmen, dass eine unter anderem politisch ausgerichtete militärische Intervention der EU unter anderem die Stabilisierung und Legitimierung der Regierung in Syrien wieder herstellen kann, und damit die Sicherheit der Menschen damit langfristig gewährleistet wäre.

Zudem ist bereits aus der Vergangenheit bekannt, dass Regierungen, welche auf einem demokratischen Grundsatz beruhen, stets versuchen, die Zahlen der Kriegsopfer so gering wie möglich zu halten. Diese Praxis hat nicht nur moralische Absichten, wie den Schutz und die Sicherstellung der eigenen Bevölkerung, sondern auch Politische. Nur Regierungen welche Kriegsopfer vermeiden oder zumindest versuchen sie so gering wie möglich zu halten, werden auf Dauer von dem eigenen Volk anerkannt und unterstützt.[18/19]

In Syrien stellt sich die Problematik auf, dass ein großer Anteil der Bevölkerung gegen ihre eigene Regierung kämpft, um eine Demokratie einzufordern. Nachdem im Juli 2011 in Syrien erstmals gesetzlich erklärt wurde, dass auch andere Parteien als die Baath-Partei des

---

16 Reisman, W. Michael: Coercion and Self-Determination: Construin Article 2(4), online unter: <http://digitalcommons.law.yale.edu/cgi/viewcontent.cgi?article=1729&context=fss_papers> (Stand 28.03.2013)

17 Hinsch; Janssen: Menschenrechte militärisch schützen. Ein Plädoyer für humanitäre Interventionen, S.61f.

18 Speckmann, T.: Neue Helden, online unter: <http://www.sueddeutsche.de/politik/krieg-und-demokratie-neue-helden-1.130496> (Stand 27.03.2013)

19 Matthies, Volker: Immer wieder Krieg?. Wie Eindämmen? Beenden? Verhüten? Schutz und Hilfe für die Menschen?, Opladen 1994, S.53

Machthabers al-Assad zugelassen werden, schien ein erster Erfolg in Sicht. Al-Assads Partei blieb jedoch an der Macht, was bis heute zur Folge hat, dass keine stabile demokratische Regierung zustande gekommen ist und Assads Regime die alleinige Herrschaft besitzt.[20] Demnach kann also mit der momentanen Lage Syriens keine demokratische Grundordnung hergestellt werden.

Wie am zuvor bereits erwähnten Beispiel ersichtlich wurde, gab es in Libyen 2011 eine sehr ähnliche Vergleichssituation. Nachdem die Bevölkerung für eine Demokratie in ihrem Land gekämpft hatte, gewannen sie letztendlich den Krieg. Der Gewinn ging jedoch auf die militärische Intervention der NATO zurück, womit das Ziel der NATO, eben das Verhindern weiterer Kriege, erreicht wurde. Nach dem Sturz der Regierung war der Weg frei für eine neue, demokratische Regierung.[21] Es wird jedoch behauptet, dass die Friedenssicherung nicht der einzige Grund der militärischen Intervention, sondern das die Demokratisierung ein inoffizielles Schlüsselargument war. Dass dies der Wahrheit entspricht, kann den Worten des US-Amerikanischen Präsidenten Barack Obama entnommen werden, als er in einem französischen Zeitungsartikel zitiert wurde: „Gadafi muss gehen, und zwar für immer."[22] Zudem war die vorherrschende Meinung, dass zwar nicht primär ein Regimewechsel der Beweggrund für die Intervention sei, sondern das ein demokratisches Regime unter Gaddafi schlichtweg nicht möglich sei.[23]

Eine derartige demokratische Intervention kann allerdings nur auf Basis einer humanitären Intervention durchgeführt werden, und fungiert somit als Resultat einer militärischen Intervention.[24] In Syrien wären aufgrund eines Regimewechsels dieselben Folgen wie in Libyen zu vermuten. Demnach würde sich die Lage in Syrien langfristig stark verbessern, wodurch das elementare Ziel der humanitären Intervention bereits erreicht wäre. Jedoch sind die strukturierte Politik innerhalb Syriens und die langfristige Verbesserung der menschlichen Lebensbedingungen nicht die einzigen möglichen Folgen einer Intervention mit politischem Hintergrund. Eine weitere Folge wäre die verbesserte nachbarschaftspolitische Situation zwischen der EU und Syrien. Diese bezieht sich auf die europäische Nachbarschaftspolitik, welche das Ziel hat, „[...] Sicherheit, Stabilität sowie rechtsstaatliche

20 Hintergrund aktuell: Syrien: Zwei Jahre Bürgerkrieg, online unter:
   <www.bpb.de/politik/hintergrund-aktuell/156632/buergerkrieg-in-syrien> (Stand 27.03.2013)
21 Lacher, Wolfram: Libyen nach der Revolution des 17. Februar, online unter:
   <http://www.bpb.de/internationales/afrika/arabischer-fruehling/52398/libyen> (Stand 28.03.2013)
22 Bittner, Jochen; Böhm, Andrea: Dieser Krieg war gerecht. Eine Bilanz der Intervention in Libyen, online
   unter: <http://www.zeit.de/2011/44/Libyen-Intervention/komplettansicht> (Stand 27.03.2013)
23 ebd.
24 Merkel, Prof. Dr. Wolfgang: Demokratie durch Krieg. S. 5f, online unter: <http://hbs.boell-
   net.de/downloads/demokratie/Demokratie_durch_Krieg_Merkel_dt.pdf> (Stand 28.03.2013)

und demokratische Strukturen in Nachbarstaaten der erweiterten EU zu fördern."[25] Die Europäische Union hat 2011 angesichts des politischen Wandels in den Nachbarländern der EU die europäische Nachbarschaftspolitik neu formuliert. So kommt zu den grundlegenden Prinzipien wie die Unterstützung der Staaten bei einer Demokratisierung, auch die Pflicht zum Schutz von Menschenrechten oder Demokratie hinzu. Ziel dieser Grundlage ist also die Unterstützung der Demokratisierung eines Nachbarlandes. Zudem sieht die EU vor, dass sie ihre Präsenz und Unterstützung in einem Land, welches gegen die grundlegenden Pflichten verstößt, durchaus erhöht.[26] Die Folgen einer von der EU durchgeführten, politisch orientierten, humanitäre Intervention würden also den Zielen der Nachbarschaftspolitik entsprechen und diese auf Dauer verbessern.

Wenn diese Argumentation nun auf die bereits erwähnte erweiterte Form der humanitären Intervention als präventiver Schutz der Menschen übertragen wird, dann stellt sich heraus, dass die Herstellung und die Sicherstellung einer Demokratie in Syrien durchaus als präventive Folge einer Intervention fungieren kann und die Menschen langfristig besser geschützt wären. Zudem ist der demokratische Frieden eine weitere anzunehmende Konsequenz, welche aus einer Intervention der EU hervorgehen würde. Die Frage, ob eine humanitäre Intervention von der EU durchgeführt werden sollte, lässt sich in Betracht auf die Argumentation, dass sie unter anderem das Ziel einer Demokratisierung und damit auch die langfristigen humanitären Folgen im Sinn hat, durchaus legitimieren.

Eine humanitäre Intervention ist jedoch eine durchaus sehr extreme Maßnahme.

3.3 Der letzte Ausweg aus dem Bürgerkrieg

Das Prinzip der Ultima Ratio besagt, dass eine extreme Maßnahme nur angebracht ist, wenn alle anderen Möglichkeiten erschöpft sind.[27] Dieses Prinzip ist ebenfalls auf humanitäre Interventionen anzuwenden, welche nur durchgeführt werden sollten, wenn alle anderen friedlichen und diplomatischen Lösungsversuche gescheitert sind.

Eben dieser Fall ist nun mehr in Syrien eingetreten, wodurch, laut dem Philosophen Michael Walzer, ein relevantes Kriterium gegeben sei, um eine humanitäre Intervention durchzuführen.[28] Eine humanitäre Intervention muss demnach die letzte noch übrige

---

25 Auswärtiges Amt: Europäische Nachbarschaftspolitik, online unter: <http://www.auswaertiges-amt.de/DE/Europa/Aussenpolitik/Regionalabkommen/Nachbarschaftspolitik_node.html> (Stand 01.04.2013)
26 ebd.
27 Duden online: Ultima Ratio, die, online unter: <http://www.duden.de/rechtschreibung/Ultima_Ratio> (Stand 04.04.2013)
28 Stahl, Bernhard: Deutschlands Abkehr vom gerechten Krieg. Eine Allianz aus Großmachtsallüre und Pazifismus in der Libyen-Politik, online unter: <http://www.phil.uni-

Möglichkeit sein, um den Syrern zu helfen.

Um eine Intervention zu legitimieren, muss demzufolge erst geklärt werden, ob sämtliche weitere Möglichkeiten der humanitären Hilfe wirklich erschöpft sind. Des weiteren ist dies eine Anforderung, welche erfüllt sein muss, damit der UN-Sicherheitsrat eine humanitäre Intervention überhaupt legalisieren kann. Den Beweis dafür, dass eine Intervention als letzte Handlung möglich legitimiert werden kann, liefern die bisherigen friedlichen Schlichtungsversuche.

Der Weltöffentlichkeit wurde bereits ein am 10. April 2012 aktivierter, von der UN ausgearbeiteter Friedensplan vorgestellt. Die UN hatte diesen Plan grundlegend ohne eine militärische humanitäre Intervention, sondern mit sechs friedlichen Punkten ausgearbeitet. Unter diesen gewaltfreien Absichten waren unter anderem ein Waffenstillstand und eine von Grund auf abgeänderte Politik aufgelistet. Im Juli wurde der Plan der UN schließlich für erfolglos erklärt und der Versuch der UN, die Lage in Syrien mit friedlichen Mitteln zu klären, war damit gescheitert.[29] Des weiteren hatte die EU ein Waffenembargo gegen Syrien verhängt. Hierdurch wurde es den europäischen Mitgliedsstaaten verboten, Waffen nach Syrien zu liefern. Da Großbritannien und Frankreich einer Verlängerung des Ausfuhrverbotes jedoch nicht weiterhin zustimmten, wird dieses im Mai 2013 beendet werden. Das Waffenembargo verhinderte die Einfuhr von Waffen für Regimegegner, aber auch für das Regime selbst. Da al-Assad seine Truppen jedoch mit Waffen aus anderen Ländern versorgen konnte, wurde das Waffenembargo zum Nachteil der Rebellen.[30]

Anhand der aufgeführten Beispiele sieht auch der Sondergesandte der UN, Lakhdar Brahimi, den Friedensplan als gescheitert und damit nicht mehr als durchführbar an. Brahimi meine daher, dass der UN-Sicherheitsrat nun in der Verantwortung stehe, eine politische Handlung durchzuführen.[31] Nach dem Prinzip der Ultima Ratio würde an dieser Stelle eine humanitäre Intervention greifen, wie sie es bereits im Kosovokrieg 1999 gemacht hatte. Im Kosovokrieg waren für die NATO-Mitgliedsstaaten alle „[...] diplomatischen Möglichkeiten erschöpft."[32] Diese Begründung lieferte im Fall von Kosovo die Legitimierung, militärisch einzugreifen,

passau.de/fileadmin/group_upload/61/Diskussion_Deutschlands_Abkehr_vom_Gerechten_Krieg.pdf> (Stand 04.04.2013)

29 Hackensberger, Alfred: Kofi Annan erklärt Syrien-Mission für gescheitert, online unter: <http://www.welt.de/politik/ausland/article108125921/Kofi-Annan-erklaert-Syrien-Mission-fuer-gescheitert.html> (Stand 04.04.2013)

30 Gutschker, Thomas: Ende eines Embargos, online unter: <http://www.faz.net/aktuell/politik/ausland/naher-osten/waffen-fuer-syrien-ende-eines-embargos-12117176.html> (Stand 04.04.2013)

31 RIA Novosti: Brahimi erklärt Syrien-Friedensplan für gescheitert – „Uno muss handeln", online unter: <http://de.rian.ru/world/20130130/265421732.html> (Stand 04.04.2013)

32 Hinsch; Janssen: Menschenrechte militärisch schützen. Ein Plädoyer für humanitäre Interventionen, S.7

obwohl der Einsatz nicht legalisiert wurde. Die NATO sah jedoch keinen weiteren Ausweg.[33] Trotz der viel umstrittenen Kosovo-Intervention sollte der Grund der Intervention, nämlich diese als letztes Mittel, nicht in den Hintergrund rücken. Aus den genannten Beispielen und der Meinung wichtiger Politiker wie Lakhdar Brahimi ergibt sich deutlich, dass alle bisherigen friedlichen und diplomatischen Mittel in Syrien keine Früchte tragen. Die Möglichkeiten der EU sind damit insofern erschöpft, dass keiner der bisherigen Versuche erfolgsversprechend verlief und anzunehmen ist, dass sich in Zukunft hierbei nichts ändern wird. Michael Walzer, welcher hierbei zwar ein elementares Kriterium für eine humanitäre Intervention sieht, merkt jedoch an, dass nicht wörtlich nach dem Prinzip der Ultima Ration vorgegangen werden darf, da immer ein weiterer Versuch der friedlichen Schlichtung von Konflikten möglich sei. Trotzdem ist laut ihm eine humanitäre Intervention gerechtfertigt, solange keine vergleichsweise besseren Friedenspläne bestünden. Da dies einer Abwägung der Menschenleben entspricht, ist dieses Problem umstritten.[34] In Kapitel 4.1 wird auf diese Problematik jedoch noch einmal näher eingegangen.

Nach dem Prinzip der Ultima Ration ist die humanitäre Intervention jedoch in jedem Fall mittlerweile legitimiert und sollte von Europa durchgeführt werden.

4. kritische Betrachtung der humanitären Intervention

Die bisherige Argumentation hat deutlich die positiven Auswirkungen einer humanitären Intervention der EU auf Syrien dargestellt und die Legitimierung damit bestätigt. Es sind jedoch nicht nur positive Argumente zu nennen. In der stets andauernden Debatte um die humanitäre Intervention sind in Bezug auf Syrien auch negative Argumente zu erwähnen, welche in den folgenden Kapiteln weiter ausgeführt werden.

4.1 Mehr Todesopfer durch humanitäre Interventionen

Zunächst wird die Behauptung betrachtet, dass bei einer humanitären Intervention trotz der ohnehin inhumanen Situation der Menschen, weitere Menschenleben gefordert werden.[35] Eines der fundamentalen Probleme der militärischen humanitären Intervention ist, dass bei einem Militäreinsatz stets auch das Töten von unschuldigen oder unbeteiligten Menschen akzeptiert werden muss, um das Leben anderer zu schützen. Das Töten von Unschuldigen ist jedoch verboten und inhuman. Zudem ist es nicht gerechtfertigt, die Leben weniger

---

33 Hinsch; Janssen: Menschenrechte militärisch schützen. Ein Plädoyer für humanitäre Interventionen, S.7
34 ebd. S.91
35 ebd., S.40ff.

unschuldiger Interventionsopfer gegen das Leben vieler Kriegsopfer aufzuwiegen. Aus diesem Grund sind Rüdiger Bittner und Harald Wohlrapp der Meinung, dass eine humanitäre Intervention in keinem Fall gerechtfertigt sei, da diese zum Schutz der Menschen durchgeführt wird und damit keine weiteren Todesopfer zu Folge haben darf.[36] Die Begründung hierfür liefert die allgemeine Erklärung der Menschenrechte sowie die Definition des Begriffs und der Sinn der humanitären Intervention an sich. Wie bereits in Kapitel 3.1 erwähnt, ist in der allgemeinen Erklärung der Menschenrechte ausdrücklich geklärt, dass „jeder [...] das Recht auf Leben, Freiheit und Sicherheit der Person".[37] Des weiteren ist in der grundlegenden Definition der humanitären Intervention eine Intervention gemeint, welche das Ziel hat elementare Menschenrechte zu schützen und humanitäre Schäden zu verhindern.[38]

Würde bei einer Intervention in Syrien jedoch der Tod Unschuldiger bei einem militärischen Eingreifen akzeptiert und damit zu einer Folge der Intervention, verstößt diese damit gegen die allgemeine Erklärung der Menschenrechte und des fundamentalen Prinzips der humanitären Intervention an sich.

Dies ist jedoch anzunehmen, da in der Vergangenheit bereits viele militärische humanitäre Einsätze Menschenopfer forderten. Deutlicher wird dies in Betracht auf einige Beispiele. Aufgrund der schlechten humanitären Lage wurde 2011 in Libyen eine humanitäre Intervention in Form von mehreren Luftangriffen durchgeführt. Bei diesen Angriffen sollen laut einem Bericht der Menschenrechtsorganisation Human Rights Watch, 72 unbeteiligte Menschen ihr Leben verloren haben.[39] Auch bei der Intervention im Kosovokrieg wurden Unschuldige getötet, um andere Menschenopfer zu verhindern.[40]

Ein weiteres durchaus nennenswertes Beispiel ist die Intervention in Afghanistan. Laut Schätzungen des Ökonomen Marc Herold sind mindestens 3767 zivile Opfer während der Intervention und des Afghanistan-Krieges durch ausländische Truppen getötet worden. Unter ihnen ist auch die damals fünfjährige Nazila. Sie starb bei einem Bombenangriff, welcher im ursprünglichen Sinn gegen eine Kaserne gerichtet war. Seit ihrem Tod leidet die ganze Familie an schweren Depressionen und Albträumen.[41]

---

36 ebd., S.40f
37 Menschenrechte. Dokumente und Deklarationen, S.55 Artikel 3
38 Hinsch; Janssen: Menschenrechte militärisch schützen. Ein Plädoyer für humanitäre Interventionen, S.39ff.
39 Human Rights Watch : NATO: Zivile Opfer in Libyen untersuchen, online unter:
   <http://www.hrw.org/de/news/2012/05/14/nato-zivile-opfer-libyen-untersuchen> (Stand 04.04.2013)
40 Hinsch; Janssen: Menschenrechte militärisch schützen. Ein Plädoyer für humanitäre Interventionen, S.40f.
41 Ladurner, Ulrich: Der "präziseste Krieg" der Geschichte. , online unter:
   <http://www.zeit.de/2002/12/200212_zivileopfer_xml> (Stand 04.04.2013)

Anhand der Beispiele wird deutlich, dass währen militärischen humanitären Interventionen fast immer zivile Todesopfer gefordert werden. Doch die Behauptung das diese Opfer, im Gegensatz zu den Opfern, welche ohne eine Intervention entstanden wären, geringer und damit vertretbar sind, ist ethisch nicht gerechtfertigt und vertretbar. Es ist anzunehmen, dass auch bei einer Intervention in Syrien zivile Todesopfer nicht ausbleiben würden. Demnach widerspricht eine humanitäre Intervention, bei der humanitäre Schäden entstehen, sich selbst, da es das Ziel einer humanitären Intervention ist, das Töten von unschuldigen Menschen zu verhindern.[42]

Infolgedessen ist eine humanitäre Intervention mit militärischem Hintergrund in Syrien grundlegend kein optimales Mittel um die Bevölkerung vor weiteren Todesopfern zu bewahren und sollte daher nicht von Europa ausgeführt werden.

4.2 Die fehlende Anteilnahme der intervenierenden Staaten

Nachdem nun das grundlegende Argument der Todesopfer der Intervention selbst, gegen die humanitäre Intervention vorgebracht wurde, soll im folgenden Abschnitt geklärt werden, ob Europa überhaupt grundlegend über die Mittel und das Engagement verfügt um eine Intervention durchzuführen.

Die bisherigen Argumentationen zeigen, dass bei einer humanitären Intervention primär die Interessen der Syrer im Vordergrund stehen und die Beweggründe Europas sich nur auf das Wohl der syrischen Bevölkerung beziehen. Doch genau hierbei sehen Schriftsteller wie Michael Mandelbaum ein Problem. Mandelbaum ist der Meinung, dass eine humanitäre Intervention, sofern diese radikal und von Grund auf durchgeführt wird, extrem teuer wird und die intervenierenden Länder nicht bereit wären, diese Mittel zur Verfügung zu stellen, sofern diese kein eigenes Interesse an der Intervention sehen. Mandelbaum stellt damit die These auf, dass eine Intervention ohne das Eigeninteresse der intervenierenden Staaten von vorneherein zum Scheitern verurteilt ist und somit grundlegend keine humanitäre Intervention durchgeführt werden sollte.[43]

In Somalia wurde im Jahr 1992 ebenfalls eine humanitäre Intervention begonnen, welche trotz eines hohen Kostenaufwandes, scheiterte.[44] In Bosnien-Herzegowina scheiterte 1995 ebenfalls eine humanitäre Intervention, nachdem die UN-Truppen zu spät eingriffen und die

---

42 Hinsch; Janssen: Menschenrechte militärisch schützen. Ein Plädoyer für humanitäre Interventionen, S.40f.
43 ebd., S.45
44 Höhne, Markus Virgil: Somalia, online unter: <http://www.bpb.de/internationales/weltweit/innerstaatliche-konflikte/54689/somalia> (Stand 04.04.2013)

schützenden Truppen nicht korrekt koordinierten.[45]

Diesen beiden Fällen stehen die Interventionen in Panama und Grenada gegenüber. Die Vereinigten Staaten versuchten in den 1980er Jahren erfolglos Panama als Partner und damit als Absicherung des Panamakanals, zu gewinnen. Eine militärische humanitäre Intervention mit dem Ziel die Demokratie in Panama und Amerika selbst zu schützen wurde daraufhin erfolgreich durchgeführt.[46] Die im Jahr 1983 von den Vereinigten Staaten erfolgreich durchgeführte Intervention in Grenada hatte ebenfalls das grundlegende Ziel die amerikanische Bevölkerung zu schützen.[47]

Bei diesen Interventionen wird deutlich, dass nur die Interventionen bei denen das eigene Interesse der Vereinten Nationen im Vordergrund stand, erfolgreich waren. Für Mandelbaum sind diese Interventionen damit der Beweis seiner These.[48]

Sollte die EU eine humanitäre Intervention in Syrien durchführen, ist auch hierbei anzunehmen, dass diese aufgrund des mangelnden Interesses scheitert. Ein sehr bedeutendes Beispiel für das vermeintliche Scheitern einer Intervention liefert die vorangegangene humanitäre Intervention in Libyen im Jahr 2011. Nachdem eine Intervention für Libyen beschlossen war, wurde versucht das libysche Militär mit Luftangriffen zu bekämpfen. Das Problem war jedoch, dass laut dem amerikanischen Verteidigungsminister Robert Gates, statt 300 Militärflügen pro Tag lediglich die Hälfte, also 150 Flüge erreicht wurden. Diese geringe Zahl war das Ergebnis fehlender zur Verfügung gestellter Mittel. So wurden nur 55 Flugzeuge für den Libyen-Einsatz bereitgestellt und lediglich eine Beteiligung von sechs Mitgliedsstaaten erzielt. Das weitaus größere Problem war jedoch die weitere Versorgung der Luftwaffe mit Munition. Länder, welche den Libyen-Einsatz mit amerikanischen F16-Flugzeugen bewältigten, bekamen ihre Munition direkt von den USA. Länder, die jedoch den Eurofighter als Kampfflugzeug einsetzten, hatten nach kurzer Zeit keine Chance auf schnellen Munitionsnachschub. Zudem ist das Engagement der meisten europäischen Länder aufgrund mangelnden Interesses schlichtweg ausgeblieben. An dem Einsatz beteiligten sich aus der Europäischen Union nur Belgien, Dänemark, Frankreich und das Vereinigte Königreich. Weitere europäische Staaten waren nicht bereit an einem derartigen Einsatz teilzunehmen.[49]

---

45 Hinsch; Janssen: Menschenrechte militärisch schützen. Ein Plädoyer für humanitäre Interventionen, S.146f.
46 Loges, Bastian: Die Neue Weltordnung und das Regime humanitärer Interventionen, online unter:
<http://www.ulrich-menzel.de/forschungsberichte/BlaueReihe61.PDF> (Stand 04.04.2013)
47 Hechtl, Manfred: Die offensive Defensive: Das Recht der präventiven Selbstverteidigung?. Frankfurt 2010, S. 107f.
48 Hinsch; Janssen: Menschenrechte militärisch schützen. Ein Plädoyer für humanitäre Interventionen, S.45
49 Bittner, Jochen; Böhm, Andrea: Dieser Krieg war gerecht. Eine Bilanz der Intervention in Libyen, online unter: <http://www.zeit.de/2011/44/Libyen-Intervention/komplettansicht> (Stand 04.04.2013)

Anhand des Libyen-Einsatzes wird deutlich, dass ein Erfolg ohne die Unterstützung der USA wahrscheinlich ausgeblieben wäre, da das Engagement und die finanziellen Mittel in Europa keineswegs ausgereicht hätten, um den Einsatz erfolgreich zu beenden.

Folglich ist anzunehmen, dass wenn die EU eine militärische humanitäre Intervention in Syrien durchführen sollte, die EU auch bei diesem Einsatz ebenfalls nicht über die nötigen Mittel und das Engagement verfügt und eine Intervention folglich laut Mandelbaums These scheitern würde. Sollte sich die Situation jedoch insofern verändern, dass die EU eine humanitäre Intervention mit starkem eigenen Interesse durchführen würde anstatt ausschließlich aus rein solidarischen Gründen, würde diese wahrscheinlich erfolgreich sein. Jedoch wäre eine Intervention aus Eigeninteresse ein starker Missbrauch[50] und nicht mit dem elementaren Ziel der humanitären Intervention, dem menschenrechtlichen Schutz der Bevölkerung eines fremden Staates, vereinbar.[51] Demnach wäre einer Intervention aus reinem Eigeninteresse, allerdings auch einer Intervention ohne jegliches Eigeninteresse, in keinem Fall beizupflichten. Die EU sollte also in keinem Fall eine humanitäre Intervention in Syrien durchführen.

4.3 Zwischen Gewaltverbot und Souveränitätsprinzip

Nach der Auseinandersetzung mit Argumentationen, welche sich mit der globalen Problematik der intervenierenden Staaten beschäftigt, stellt sich jedoch unter anderem auch die Frage, ob eine humanitäre Intervention lokal in Syrien nicht nur legitim, sondern auch legal und völkerrechtlich vertretbar ist. Schließlich stellt eine militärische humanitäre Intervention einen massiven Eingriff in ein Land dar, bei welchem die intervenierenden Staaten meist ohne Einwilligung[52] des zu intervenierenden Staates eingreifen. Nach Kriegen wie den Weltkriegen oder auch zeitnah dem Irakkrieg wurde stets die Problematik des Krieges an sich in das Zentrum der Aufmerksamkeit gelenkt.[53] Bei der Diskussion dieser Problematik wurde von Völkerrechtsexperten stets erläutert, dass eine Intervention bei geltendem Völkerrecht strikt verboten ist.[54] Demnach muss zunächst die aktuelle völkerrechtliche Lage eines Interventionsverbotes geprüft werden, um zu klären, ob

---

50 Matthies: Immer wieder Krieg?. Wie Eindämmen? Beenden? Verhüten? Schutz und Hilfe für die Menschen?, S.62f.
51 Hinsch; Janssen: Menschenrechte militärisch schützen. Ein Plädoyer für humanitäre Interventionen, S.45f.
52 ebd., S.30
53 Dörr, Oliver: Gewalt und Gewaltverbot im modernen Völkerrecht, online unter:
<http://www.bpb.de/apuz/28036/gewalt-und-gewaltverbot-im-modernen-voelkerrecht?p=all>
(Stand 02.04.2013)
54 Hinsch; Janssen: Menschenrechte militärisch schützen. Ein Plädoyer für humanitäre Interventionen, S.35

eine humanitäre Intervention legal ist und somit durchgeführt werden soll.

Die Grundlage des Verbotes, sich in die Angelegenheiten eines anderen Staates einzumischen und damit eine Intervention durchzuführen, ist die Charta der Vereinten Nationen. Diese enthält seit ihrer Überarbeitung, aufgrund des Zweiten Weltkrieges, seit 1945 ein striktes Interventionsverbot.[55] Im vierten Absatz des zweiten Artikels der UN-Charta steht, dass jedem Mitgliedsstaat sämtliche Androhung von Gewalt sowie deren Anwendung untersagt ist.[56] Nach der Grundlage der UN-Charta verstößt damit jegliche Gewalt sowie jeder Eingriff in einen Staat gegen das geltende Völkerrecht. Das Gewaltverbot wurde von allen Staaten anerkannt und hat sich bis heute zu einer der elementaren Grundlagen der Vereinten Nationen entwickelt. Jedoch ist der UN-Sicherheitsrat in der Lage eine Intervention, welche auch militärische Ausmaße annehmen kann, zu autorisieren, sofern alle UN-Mitgliedsstaaten dieser zustimmen. Sollte dies der Fall sein, wäre eine militärische humanitäre Intervention legalisiert. Aufgrund dessen hat auch der Internationale Gerichtshof beschlossen, dass eine Situation eines Staates welche aus einer illegalen Anwendung von Gewalt resultiert und damit nicht von allen UN-Mitgliedsstaaten bestätigt wurde, nicht zu tolerieren ist.[57]

Doch genau an dieser Stelle befindet sich die Schwierigkeit in Syrien. Sollte sich die EU dazu entschließen eine humanitäre Intervention durchzuführen, benötigt diese die Zustimmung des UN-Sicherheitsrates um die Intervention als legal einzustufen.[58] Die Zustimmung des UN-Sicherheitsrates fehlt jedoch auch nach mehrmaligem Versuch eine Resolution für Syrien durchzuführen, da Russland und China ihr Veto einlegten und somit keine vollständige Zustimmung existierte. Russland begründet diese Entscheidung damit, dass zwischen den Ländern keine staatliche Beziehung mehr bestünde und Russland somit gegenüber Syrien auch keinerlei Verpflichtungen habe. Zudem war es Russland wichtig, die eigene Präsenz und den Einfluss auf Internationale Beziehungen zu demonstrieren und deutlich zu machen, dass eine Intervention keine Lösung der russischen Politik sei. Russland ist der Meinung, dass die jeweiligen Länder nicht nur den Schutz der Menschen, sondern ebenfalls einen Regimewechsel mit einer Intervention herbeiführen wollen, dies sei jedoch nicht das Ziel des

---

55 Dörr, Oliver: Gewalt und Gewaltverbot im modernen Völkerrecht, online unter:
   <http://www.bpb.de/apuz/28036/gewalt-und-gewaltverbot-im-modernen-voelkerrecht?p=all>
   (Stand 02.04.2013)
56 Menschenrechte. Dokumente und Deklarationen, S.43 Artikel 2
57 Dörr, Oliver: Gewalt und Gewaltverbot im modernen Völkerrecht, online unter:
   <http://www.bpb.de/apuz/28036/gewalt-und-gewaltverbot-im-modernen-voelkerrecht?p=all>
   (Stand 02.04.2013)
58 Hintergrund aktuell: UN-Resolution gegen Syrien gescheitert, online unter:
   <http://www.bpb.de/politik/hintergrund-aktuell/68578/syrien-resolution-scheitert-06-02-2012> (Stand
   03.04.2013)

UN-Sicherheitsrates. Solange die Vetomächte Russland und China ihre Meinung nicht ändern, kann der UN-Sicherheitsrat keine Intervention autorisieren.[59] In Folge dieser Konfliktsituation wäre ein nicht autorisiertes Eingreifen der Europäischen Union illegal und würde gegen das Souveränitätsprinzip[60] von Syrien verstoßen. Somit wäre die Intervention ein Verstoß gegen das Völkerrecht und würde mit extremen Konsequenzen, wie dem Ausgleich der entstandenen Schäden durch finanzielle und symbolische Mittel für Europa selbst geahndet werden.[61] Zudem wäre eine Veränderung der Situation aufgrund einer humanitären Intervention in Syrien, welche nicht durch den UN-Sicherheitsrat legalisiert wurde, nicht beizupflichten und nicht als rechtmäßig einzustufen.[62] Aus diesen Gründen und unter Betracht der Konsequenzen für Europa resultiert der Standpunkt, dass Europa aufgrund der Frage nach der Legalität, keine humanitäre Intervention in Syrien durchführen darf und diese somit strikt abzulehnen ist.

5. Fazit

In der Hausarbeit wurde deutlich, dass man sich, um die Frage nach der Legitimität der humanitären Intervention zu beantworten, zunächst einmal klären muss, was unter einer humanitären Intervention überhaupt verstanden wird. In der Fachliteratur sowie in den aktuellen Pressemitteilungen werden immer öfter Argumente, die für und gegen eine Intervention sprechen, genannt.

Wenn man die einzelnen Argumentationen, welche für eine humanitäre Intervention sprechen abwägt, ist hierbei grundlegend festzustellen, dass der Schutz der Menschenrechte das durchaus beste und damit wichtigste Argument darstellt, da dieses jederzeit Anwendung finden kann und in der Regel subjektiv von jedem Menschen als relevant empfunden wird. Damit ist dieses Argument als das Wichtigste für eine Intervention zu bewerten. Das Argument, der politischen Demokratisierung eines Landes ist ebenfalls gerechtfertigt, wobei es nicht die Relevanz der Menschenrechte erreichen kann, da ein langfristiger Friedenszustand zwar wichtig ist, ohne eine vorher aufgrund der Menschenrechte stattfinden

---

59 Boy, Ann-Dorit: Verhinderer mit Geltungsdrand, online unter:
   <http://www.faz.net/aktuell/politik/ausland/naher-osten/russische-aussenpolitik-verhinderer-mit-geltungsdrang-12102891.html> (Stand 03.04.2013)
60 Wirtschaftslexikon24.de: Souveränitätsprinzip, online unter:
   <http://www.wirtschaftslexikon24.com/d/souveraenitaetsprinzip/souveraenitaetsprinzip.htm> (Stand 04.04.2013)
61 International Law Comission: Die Verantwortlichkeit von Staaten für völkerrechtswidriges Handeln, online unter: <http://eydner.org/dokumente/darsiwaev.PDF> (Stand 03.04.2013)
62 Dörr, Oliver: Gewalt und Gewaltverbot im modernen Völkerrecht, online unter:
   <http://www.bpb.de/apuz/28036/gewalt-und-gewaltverbot-im-modernen-voelkerrecht?p=all> (Stand 02.04.2013)

Intervention jedoch nicht möglich ist. Eine humanitäre Intervention als letzten Ausweg zu sehen, nachdem die diplomatischen Mittel erschöpft sind, ist zwar eine Legitimierung für eine Intervention, findet jedoch nur sehr selten und in extremen Situationen statt und sollte somit vermieden werden. Dieses Argument ist damit als weniger relevant einzustufen. Auf der anderen Seite stehen die Argumentationen, welche eine humanitäre Intervention nicht legitimieren. Diese enthalten unter anderem die Ansicht, dass die Todesopfer welche bei einer Intervention selbst gefordert werden, nicht vertretbar sind. Dieses Argument ist aufgrund seiner fehlenden Beweiskraft jedoch sehr schwach und schwer ausreichend um die Intervention damit allgemein zu legitimieren. Des weiteren wird von vielen Schriftstellern die ernsthafte Teilnahme der intervenierenden Staaten bezweifelt, was zu Folge hat, dass jede Intervention einen eigennützigen Hintergedanken besitzt. Dies ist jedoch nicht im Sinne der Intervention. Das mit Abstand stärkste Argument gegen eine humanitäre Intervention ist, dass diese aus rechtlichen Gründen schlichtweg verboten und damit für Europa nicht tragbar ist.

Durch die Abwägung der einzelnen Argumente voneinander lässt sich die am Anfang der Arbeit ergebene Frage nach der Verantwortung für die Menschen in Syrien und die daraus resultierende Frage nach der Legitimität einer humanitären Intervention von Europa, beantworten.

Aufgrund der aktuellen, inhumanen Lage in Syrien wird deutlich, dass die Argumente welche gegen eine humanitäre Intervention sprechen, durchaus überwiegen. Das Argument der Menschenrechte wiegt jedoch auch sehr stark. Daher kann die Frage, ob die Europäische Union sich einmischen soll und eine humanitäre Intervention also legitim sei, durchaus mit 'Nein' beantwortet werden. Jedoch sollte eingeräumt werden, dass eine Intervention im Falle eines Genozids oder ähnlichen menschenrechtsverletzenden Fällen durchaus angebracht ist. Die Frage, wann dieser Fall eintritt, bleibt jedoch offen und bietet weiteren Bedarf zur näheren Erörterung. Dieses Ergebnis leistet damit einen fundamentalen Beitrag in der Frage nach der humanitären Intervention in Syrien und hilft die Schlüsselposition von Europa besser zu verstehen. Die Hausarbeit hat zudem jedoch nicht nur die grundlegende Frage, sondern auch weitläufig eine Antwort auf die politische Lage Syriens und die Haltung Deutschlands ergeben. Im Inhalt der Hausarbeit wurde die Position von Deutschland als Mitgliedsstaat der Europäischen Union zu derselben Meinung wie der Meinung von Europa, welche sich im Fazit widerspiegelt. Auch die politische Lage Syriens wurde deutlich. So stellte sich heraus, dass die Syrer für ihre Freiheit kämpfen und die Kämpfe so lange fortführen, bis sie dadurch eine neue demokratisch orientierte Regierung erzielen.

6. Anhang

Bibliografie

Literatur

Bundeszentrale für politische Bildung, Menschenrechte. Dokumente und Deklarationen, Bonn 2004.

Hechtl, Manfred: Die offensive Defensive: Das Recht der präventiven Selbstverteidigung?, Frankfurt 2010.

Hinsch, Wilfried; Janssen, Dieter: Menschenrechte militärisch schützen. Ein Plädoyer für humanitäre Interventionen, Bonn 2006.

Matthies, Volker: Immer wieder Krieg?. Wie Eindämmen? Beenden? Verhüten? Schutz und Hilfe für die Menschen?, Opladen 1994.

Internetquellen

Assad-Regime schießt auf Beine von Kindern. Menschenrechtsverletzungen in Syrien, online unter: <http://www.focus.de/politik/ausland/krise-in-der-arabischen-welt/menschenrechtsverletzungen-in-syrien-assad-regime-soll-auf-beine-von-kindern-schiessen_aid_729400.html> (Stand 27.03.2013).

Auswärtiges Amt: Europäische Nachbarschaftspolitik, online unter: <http://www.auswaertiges-amt.de/DE/Europa/Aussenpolitik/Regionalabkommen/Nachbarschaftspolitik_node.html > (Stand 01.04.2013).

Bittner, Jochen; Böhm, Andrea: Dieser Krieg war gerecht. Eine Bilanz der Intervention in Libyen, online unter: <http://www.zeit.de/2011/44/Libyen-Intervention/komplettansicht> (Stand 27.03.2013).

Boy, Ann-Dorit: Verhinderer mit Geltungsdrand, online unter: <http://www.faz.net/aktuell/politik/ausland/naher-osten/russische-aussenpolitik-verhinderer-mit-geltungsdrang-12102891.html> (Stand 03.04.2013).

Duden online: Ultima Ratio, die, online unter: <http://www.duden.de/rechtschreibung/Ultima_Ratio> (Stand 04.04.2013).

Dörr, Oliver: Gewalt und Gewaltverbot im modernen Völkerrecht, online unter: <http://www.bpb.de/apuz/28036/gewalt-und-gewaltverbot-im-modernen-voelkerrecht?p=all> (Stand 02.04.2013).

Fried, Nico: "Ich habe gelernt: Nie wieder Auschwitz", online unter: <http://www.sueddeutsche.de/politik/fischer-ich-habe-gelernt-nie-wieder-auschwitz-1.915701> (Stand 26.03.2013).

Gutschker, Thomas: Ende eines Embargos, online unter: <http://www.faz.net/aktuell/politik/ausland/naher-osten/waffen-fuer-syrien-ende-eines-embargos-12117176.html> (Stand 04.04.2013).

Hackensberger, Alfred: Kofi Annan erklärt Syrien-Mission für gescheitert, online unter: <http://www.welt.de/politik/ausland/article108125921/Kofi-Annan-erklaert-Syrien-Mission-fuer-gescheitert.html> (Stand 04.04.2013).

Hintergrund aktuell: Syrien: Zwei Jahre Bürgerkrieg, online unter:
<www.bpb.de/politik/hintergrund-aktuell/156632/buergerkrieg-in-syrien> (Stand
26.03.2013).

Hintergrund aktuell: UN-Resolution gegen Syrien gescheitert, online unter:
<http://www.bpb.de/politik/hintergrund-aktuell/68578/syrien-resolution-scheitert-06-02-
2012> (Stand 03.04.2013).

Höhne, Markus Virgil: Somalia, online unter:
<http://www.bpb.de/internationales/weltweit/innerstaatliche-konflikte/54689/somalia>
(Stand 04.04.2013).

Human Rights Watch : NATO: Zivile Opfer in Libyen untersuchen, online unter:
<http://www.hrw.org/de/news/2012/05/14/nato-zivile-opfer-libyen-untersuchen> (Stand
04.04.2013).

International Law Comission: Die Verantwortlichkeit von Staaten für völkerrechtswidriges
Handeln, online unter: <http://eydner.org/dokumente/darsiwaev.PDF> (Stand
03.04.2013).

Khan, Umar: Casualty figures exaggerated, says Ministry: Online unter:
<http://www.libyaherald.com/2013/01/07/casualty-figures-exaggerated-says-ministry/>
(Stand 27.03.2013).

Ladurner, Ulrich: Der "präziseste Krieg" der Geschichte. , online unter:
<http://www.zeit.de/2002/12/200212_zivileopfer_xml> (Stand 04.04.2013).

Lacher, Wolfram: Libyen nach der Revolution des 17. Februar, online unter:
<http://www.bpb.de/internationales/afrika/arabischer-fruehling/52398/libyen> (Stand
27.03.2013).

Loges, Bastian: Die Neue Weltordnung und das Regime humanitärer Interventionen, online
unter: <http://www.ulrich-menzel.de/forschungsberichte/BlaueReihe61.PDF> (Stand
04.04.2013).

Merkel, Prof. Dr. Wolfgang: Demokratie durch Krieg. S. 5f, online unter: <http://hbs.boell-
net.de/downloads/demokratie/Demokratie_durch_Krieg_Merkel_dt.pdf> (Stand
28.03.2013).

Reisman, W. Michael: Coercion and Self-Determination: Construin Article 2(4), online unter:
<http://digitalcommons.law.yale.edu/cgi/viewcontent.cgi?
article=1729&context=fss_papers> (Stand 28.03.2013).

RIA Novosti: Brahimi erklärt Syrien-Friedensplan für gescheitert – „Uno muss handeln",
online unter: <http://de.rian.ru/world/20130130/265421732.html> (Stand 04.04.2013).

Schaller, Christian: Gibt es eine "Responsibility to Protect"?, online unter:
<http://www.bpb.de/apuz/30862/gibt-es-eine-responsibility-to-protect> (Stand
27.03.2013).

Speckmann, T.: Neue Helden, online unter: <http://www.sueddeutsche.de/politik/krieg-und-
demokratie-neue-helden-1.130496> (Stand 27.03.2013).

Spiegel Online: Menschenrechtsbericht: Nato soll in Libyen 72 Zivilisten getötet haben,
online unter: <http://www.spiegel.de/politik/ausland/human-rights-watch-nato-soll-in-
libyen-72-zivilisten-getoetet-haben-a-832981.html> (Stand 27.03.2013).

Stahl, Bernhard: Deutschlands Abkehr vom gerechten Krieg. Eine Allianz aus
Großmachtsallüre und Pazifismus in der Libyen-Politik, online unter:
<http://www.phil.uni-
passau.de/fileadmin/group_upload/61/Diskussion_Deutschlands_Abkehr_vom_Gerecht
en_Krieg.pdf> (Stand 04.04.2013).